INVENTAIRE
V 2L697

V
2654
6.Ca 1.

V 2654
Gca 1.

24697

EXPLICATION

DES OUVRAGES DE

PEINTURE, SCULPTURE,

DESSIN ET LITHOGRAPHIE,

DES AUTEURS VIVANTS,

EXPOSÉS AU MUSÉE DE NANTES.

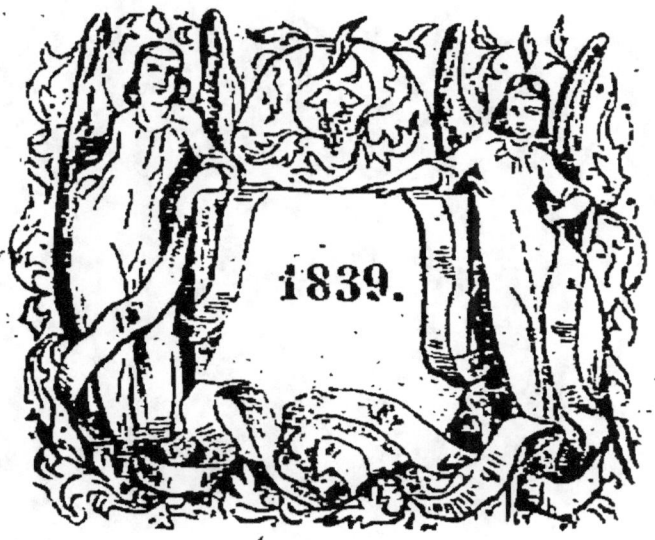

1839.

PRIX : UN FRANC.

NANTES,
IMPRIMERIE DE C. MELLINET.

RÈGLEMENT INTÉRIEUR
DE L'EXPOSITION.

ARTICLE PREMIER. — La durée de l'Exposition est d'un mois, à dater du jour de l'ouverture.

ART. 2. — Les salons de l'Exposition seront ouverts au public, les mercredi, jeudi, vendredi, samedi et dimanche de chaque semaine, de midi à 4 heures. L'entrée a lieu par la Halle-aux-Toiles.

ART. 3. — Le lundi sera employé au nettoiement des salles.

ART. 4. — Le mardi est réservé :

Aux artistes exposants ;

Aux membres de l'Association fondée pour acquisition d'objets d'arts ; (1)

---

(1) Le prix de chaque action est de 10 fr.

Aux personnes qui voudront payer un franc d'entrée.

Art. 5. — Les jours d'Exposition, deux membres de la commission seront toujours présents dans les salles. Les personnes qui désireront acheter un tableau ou autre objet, et en connaître le prix, sont priées de s'adresser à eux.

Art. 6. — Le prix du livret est fixé à 1 franc. Le produit, ainsi que celui d'entrée, est destiné, soit aux frais d'exposition, soit à l'acquisition d'un tableau pour le Musée.

Art. 7. — Il est expressément défendu de toucher aux tableaux ou autres objets, sous aucun prétexte.

Art. 8. — Les cannes et parapluies seront déposés à la porte.

Art. 9. — L'entrée sera refusée aux personnes qui n'auraient pas une tenue décente.

Art. 10. — Les enfants ne seront admis qu'accompagnés de leurs parents.

EXPLICATION

des ouvrages

DE PEINTURE, SCULPTURE,

DESSIN ET LITHOGRAPHIE

DES ARTISTES VIVANTS,

EXPOSÉS AU MUSÉE DE NANTES.

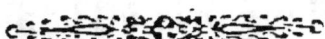

Les objets qu'on peut acheter sont marqués d'une étoile auprès des numéros d'ordre.

ALIGNY (THÉODORE), *rue de la Tour-d'Auvergne, 11, à Paris.*

1. — *Vue prise dans l'île de Caprée (Golfe de Naples).

ANDRÉ (JULES), *à Paris.*

2. — Vue prise aux environs de Libourne (Dordogne).

ANONYME.

3. — *Jeune fille aux pieds de son père en prison.

APPERT (EUGÈNE), *rue de Navarin, 19, à Paris.*

4. — *Néron à Baïes.

BARBOT (de Nantes), *rue Faubourg-Saint-Honoré, 102, à Paris.*

5. — *Vue de Saint-Florent sur la Loire.

6. — *Intérieur pris à l'hôpital d'Angers.

BEAUCE (PIERRE DE), *rue d'Estrée, 5, à Rennes.*

7. — *Habitation près de Samana (Haïti).

8. — *Paroisse de Doudon (idem).

BENOUVILLE (ACHILLE), *rue Dauphine, 49, à Paris.*

9. — *Apollon inventant la lyre.

10. — *Vue du pont de Sèvres.

BLONDEL, à *Nantes.*

11. — Portrait de M. A.
12. — Autre portrait de M. A.
13. — Portrait de M. M..., maître de pension.
14. — Portrait de M. B.
15. — *La petite pleureuse.
16. — Portrait de M. C.
17. —   *id.*   de M. M.
18. —   *id.*   de M. P.... fils.
19. —   *id.*   de M. de L.
20. —   *id.*   de Mlle M.
21. — *La petite fille au hanneton.
22. — *Le buveur.
23. — Portrait de M. B. V.
24. — *La famille malheureuse.
25. — *La prière.
26. — *Portrait d'enfant.
27. — *Autre portrait d'enfant.

BOQUET (M.lle VIRGINIE), *rue de Rivoli, 18, à Paris.*

28. — *Un Grec méditant sur les ruines de sa patrie (miniature).

29. — *Tête de napolitaine (aquarelle).

30. — *Portrait de M. M... du Théâtre Français.

BORNIOLI, *rue Hauteville, 35, à Paris.*

31. — *Marée basse, côtes de Normandie.

BOSC, *à Nantes. (Dessinateur.)*

32. — *L'Aube du jour. (Dessin.)

33. — *Vue du château de Clisson. (*Id.*)

BOUQUET (MICHEL), *rue Tronchet, 15, à Paris.*

34. — *Vue prise sur la rivière du Blavet, entre Lorient et Hennebon.

BOURDIER, *rue Satory, 28, à Versailles (Seine-et-Oise).*

35. — *Un Christ, imitation de vieil ivoire.

BOURGEOIS, *rue de Savoie, 4, à Paris.*

36. — *Vue de la Place-Royale, à Rouen. (Aquarelle.)

Brascassat, à Paris.

37. — Renards.
38. — Taureau se frottant à un arbre. (Étude.)
39. — Taureau et vache à l'abreuvoir. (*Id.*)

Bucquet (Léonce), avenue Marbœuf, 21, à Paris.

40. — *Soleil couchant, vue de Marbœuf (environs de Paris).

Buigade (L.), de Bordeaux.

41. — *Vue de La Rochelle, prise du bassin.
42. — *Vue prise sur la Garonne, près Bordeaux.

Cabat, à Paris.

43. — Vue prise en Normandie.

Caillet (M.lle Eulalie), rue de la Chaussée-d'Antin, 27, à Paris.

44. — *Plage en Normandie.
45. — *Petite chaumière en Normandie.
46. — *Vue de la mer en Normandie.

CAZALIS, *rue des Chantiers, 16, à Versailles.*

47. — *Le Petit-Pont, vue prise à Senlis (Seine-et-Oise).

48. — *Un étang dans la vallée de Chevreuse.

CHÉROT (ERNEST), *à Nantes.*

49. — Souvenir d'Écosse, vue du lac Lhomond.

50. — Une marée à Saint-Nazaire.

51. — Bords de la Vilaine.

CHOLLET (G.), *de Nantes, rue de Seine-Saint-Germain, 56, à Paris. (Graveur.)*

52. — Siége de Nimègue. (Gravure.)

53. — Capitulation de Mayence. (*Id.*)

54. — Arc-de-triomphe de l'Étoile. (*Id.*)

55. — Cadre de gravures.

CHOLLET (Mlle), *de Nantes.*

56. — Vue prise dans les environs de Honfleur.

57. — *Vue de l'église Saint-Aubin, près de Quillebœuf.

Colin, *rue Montholon, 13, à Paris.*

56 *bis.* — *La déclaration, scène de Basse-Bretagne.

57 *bis.* — *Jeune famille Bretonne.

Couveley, *rue Chabrol, 14, à Paris.*

58. — *Les sonneurs (Bretagne).

Curty, *à Nantes.*

59. — *Repos de mendiants bretons.

60. — *Incendie du chantier Albinie, au Marais.

61. — Portrait de M. A.

Cypierre (de), *faubourg Saint-Honoré, 25, à Paris.*

62. — *Les baigneuses. Effet du matin.

Dallemagne (adolphe), *à Paris.*

63. — *Un moulin à eau.

64. — *Vue prise en Picardie (aquarelle).

Dandiran, *rue de Clichy, 39, impasse Grammont, à Paris.*

65. — *Eglise de Montreux, sur les bords du lac Léman, canton de Vaux (Suisse).

DANTAN jeune, *à Paris* (sculpteur).

66. — Buste de M. Boutron-Charlard.

DEBAY (AUGUSTE), *à Paris*.

67. — *Scène de 1793, à Nantes.

DEBAY jeune, *à Nantes*.

68. — *Tableaux d'animaux.

DE COENE (HENRI), *rue d'Enfer, 92, à Paris.*

69. — *La servante coupable.

DEFRONDAT (T.^{ne}), *à Nantes*.

70. — Portrait de M. V..... fils.

DELACROIX (EUGÈNE), *rue des Marais-St-Germain, 17, à Paris.*

71. — *Chef marocain.

Le chef est à la tête d'une troupe de soldats à cheval. Des hommes et des femmes de la campagne lui présentent, en signe d'hospitalité, une grande jatte de lait. L'usage est que le chef y trempe le bout du doigt et le porte à sa bouche. La même cérémonie a lieu pour les soldats qui portent les étendards.

72. — *Courses d'Arabes.

Dans leurs évolutions militaires, qui consistent

à lancer leurs chevaux de toute leur vitesse et à les arrêter subitement, après avoir tiré leur coup de fusil : il arrive souvent que les chevaux emportent leurs cavaliers et se battent entre eux, quand ils se rencontrent ; c'est la situation des deux figures de ce tableau.

DELAISTRE, *à Paris.*

73. — Scène d'éruption du Vésuve.

DELIONS, *à Paris.*

74. — *Relai de chasse.

DESCHAMPS, *à Nantes.*

75. — *Vue des montagnes de Sainte-Eulalie (Dauphiné).

76. — *Vue du Vallon de Saint-Romans (*idem*).

77. *Vue du pont en Royans (*idem*).

DIDIER (GUILLAUME), *rue Franklin, à Nantes.*

78. — Portrait de l'auteur.

DONNÉ, *à Nantes.*

79. — *Jésus apaisant la tempête.

80. — *La sœur de Saint-Vincent-de-Paule.

81. — *La fille de Jahire.

82. — Portrait de M. le maréchal-de-camp comte de Ligniville.

83. — Portrait de M. De.....

84. — Portrait de M. Donné et ses enfants.

85. — *L'Innocence guidée par son étoile.

86. — *Vue du Bouffay.

87. — *Vue de la rade de Paimbœuf.

88. — *Cadres de dessins.

Dupont, *à Nantes*.

89. — Vue de Rouen, d'après nature (aquarelle).

Dupré (Jules), *à Paris*.

80. — Vue prise en Angleterre.

Esbrat, *rue Coquenard, 16, à Paris*.

91. — *Lisière de forêt. Un bocage, site de Normandie.

92. — *Chaumière dans le Nivernais.

93. — *Un lavoir en Normandie (aquarelle).

FÉROGIO, *rue de l'Ouest, 16, à Paris.*

94. — *Rendez-vous de chasse (Règne de Louis XIV).

95. — *Fête de village (Sépia).

FINART, *à Paris.*

96. — *Sujet arabe.
97. — *Le cosaque maraudeur.
98. —*Jeune paysan revenant des champs.

FLANDIN (EUGÈNE), *impasse de Tivoli, n.º 1.er, à Paris.*

99. — *Paysage des environs d'Alger
100. — *Passage Janina à Alger.
101. — *Vue de Vénise (aquarelle).
102. — *Boutique juive à Alger (aquarelle).

FLANDRIN (PAUL), *rue de Lille, n.º 34, à Paris.*

103.—*Une nymphée, paysage historique.

FLEURY (LÉON), *rue Saint-Lazard, 48, à Paris.*

104. — *Une vue des environs de Grenoble (Isère).

105. — *Vue de Thiers, au lieu dit le Trou-d'Enfer.

Fontenay (de), *place Saint-Germain-l'Auxerrois, 20, à Paris.*

106. — *Vue du lac de Brientz (Suisse).

107. — *Lac des 4 cantons (Suisse). Commencement d'orage.

Fouquet (L.-V.), *rue de Chabrol, n.° 67, à Paris.*

108. — *Retour de la fontaine (Costume breton).

109. — *Marchande d'antiquités (aquarelle).

Fournier des Ormes *rue de Laharpe, 81, à Paris.*

110. — *Vue du pavillon d'Agnès-Sorel, à Sorel, près de Dreux (Eure-et-Loir).

111. — *Un gué, paysage; étude d'après nature.

Franchet, *rue des Grands-Augustins, 5, à Paris.*

112. — *Mergy et le capitaine Diétrick

Hornstein, sous le costume de moine, fuyant les massacres de la Saint-Barthélemy, sont assaillis par des scélérats, dans une auberge de Beaugency.

FRUCHARD (JUSTE), *à Nantes.*

113. — Vue de l'église Sainte-Croix, à Nantes.

114. — Vue de Saint-Aubin, à Guérande.

115. — Vue de Sainte-Croix, à Bordeaux.

G., *de Nantes.*

116. — 4 Cadres. Etudes de papillons.

G. (A.)

117. — La chapelle de Goñez. (Aquarelle.)

GARNERAY (LOUIS), *passage Saunier, à Paris.*

118. — *Des pirates malais attaquent une jonque chinoise.

GASSON, *à Rennes.*

119. — Saint Jean écrivant l'Apocalypse

GÉLIBERT (PAUL), *à Paris.*

120. — *L'Abreuvoir, étude de vaches.

GENIOLE, *rue du Nord, 11, à Paris.*

121. — *Un grand pardon en Bretagne.
122. — *Le frère ignorantin.
123. — *La surprise.
124. — *Paysan russe.
125. — *Paludier. } Loire- } Aquarelles
126. — *Paludières. } Infér. } et
127. — *Enfants russes. } dessins.
128. — *Promenade à Versailles, sous Louis XIII.
129. — *Flânerie, Louis XV.

GILÉE fils (HENRI), *architecte, élève de l'École royale des Beaux-Arts, rue Royale, 5, à Nantes.*

130. — Projet d'hôtel garni, voisin et dépendant de bains thermaux, situé sur une colline. (Trois cadres.)
131. — Projet d'un Odéon à l'usage des anciens. (Trois cadres.)

GIRARD, *rue de Provence, 15, à Paris.*

132. — *Vue d'un pont sur la Vilaine, à Rennes.

GOSSE, *rue de Lancry, 7 à Paris.*

133. — Portrait de M. D....
134. — Portrait de Mme G....

GOYET (J.-B.), *rue de la Chaussée-d'Antin, à Paris.*

135. — Portrait de Benjamin Constant.
136. — *L'attente.
137. — *Pirate présentant une esclave à un pacha.

GOYET (Mme EUGÉNIE), *à Paris.*

138. — Portrait d'homme. (Pastel.)
139. —   Id.   id.   (Id)

GRASS, *sculpteur à Paris.*

140. — Buste de M. Emile Souvestre.

GROSCLAUDE, *rue de la Tour-d'Auvergne, 21, à Paris.*

141. — *Cuisine rustique.
142. — *L'Écosseuse de pois.

GUÉ (OSCAR), *rue Saint-Lazare, 31, à Paris.*

143. — Intérieur d'un couvent des environs de Rome.

Deux jeunes pâtres, après avoir reçu l'hospitalité, viennent prendre congé du supérieur, qui leur donne des chapelets bénits, et leur fait une pieuse exhortation.

GUIAUD, *rue Saint-Lazare, 36, à Paris.*

144. — *Église Saint-Goor, sur le Rhin.

145. — *Sortie de Huy, sur la Meuse. (Aquarelle.)

HAWKE, *à Angers (dessinateur.)*

146. — Vue de Nantes, prise de la prairie de Mauves.

147. — Un Intérieur du XV.e siècle.(Dessin à la plume.)

148. — Vue de la rue de la Belle-Image, à Nantes.

149. — Vue du dessous des orgues, à Saint-Pierre de Nantes.

150. — Vue de Portillon, près de Vertou.

HENRY (M.lle EUGÉNIE), *quai Napoléon, 23, à Paris.*

151. — *La jeune dormeuse.

152. — *Hanneton, vole, vole,

HOSTEIN (E.) *de Nantes, rue faubourg Poissonnière,* 101, *à Paris.*

153. — *Vue de Lariccia, près de Rome.

154. — *Vue prise dans le duché de Bouillon, sur les bords de la Sémoy.

HUBERT (Mlle SOPHIE) *de Nantes, rue Saint-Honoré,* 374, *à Paris.*

155. — La prière.

156. — *Desdemone.

« Ma mère avait auprès d'elle une pauvre
» moresse; cette moresse était éprise, et son
» bien aimé l'abandonna; elle devint folle.....
» Elle avait une chanson du saule..... C'était une
» vieille chanson, mais qui exprimait bien son
» malheur..... Cette chanson, ce soir, ne peut pas
» me sortir de l'idée. (*Othello* DE SHAKESPEARE.)

HUBLIER, *rue de l'École de Médecine,* 18, *à Paris.*

157. — *Quatre bouquets (aquarelle).

HUBLIER (Mme) *même adresse.*

158. — *Un cadre papillons.

JEANRON, *rue Martel, faubourg Saint-Denis, à Paris.*

159. — *Paysage (vue prise en Limousin.)

JOLLIVET (JULES), *rue des Saints-Pères, 1.er bis, à Paris.*

160. — *Muletier espagnol faisant boire sa monture à un lavoir.

161. — *Le frère quêteur.

Un moine espagnol se présente dans la boutique d'un épicier, et demande la caristade.

162. — *Episode du siége de Sarragosse.

Une jeune fille, malgré la défense qui en a été faite, arrive sur les remparts pour recevoir le dernier soupir de son fiancé frappé à mort.

JOURJON, *à Rennes.*

163. — Portrait de M. N....
164. — Portrait de M.me N...

JUGELET, *rue de la Ville-l'Evêque, 41, à Paris.*

165. — *Marine, galère du XVI.e siècle.

LAIDET, *à Nantes.*

166. — *Souvenir des Pyrénées.
167. — *Quatre fixés, dont deux vues prises à Nantes, et deux aux environs de Toulon.
168. — *Etude, environs de Vertou.

169. — Cadre de dessins d'après nature.

LALLEMAND, née le CORBEILLER, *rue Saint-Landry, 5, à Paris.*

170. — *Fleurs des champs (aquarelle).

LANOUE (HIPPOLYTE), *rue de l'Orangerie, 52, à Versailles (Seine-et-Oise.)*

171. — *Repos d'animaux, site de Fontainebleau, effet du soir.
172. — *Repos d'animaux, site de Normandie, effet du matin.

LASSER (M.me) *à Nantes.*

173. — Des fleurs (aquarelle).

LATIL, *quai Napoléon, 23, à Paris.*

174. — *La fille d'un vétéran de la grande armée.
175. — *Le suicide d'un pauvre actionnaire ruiné.

LATTEUX (EUGÈNE), *quai Peltier, 10, à Paris.*

176. — *Vue prise à Augsbourg. (Aquarelle.)

177. — *Vue prise sur le lac de Constance. (Aquarelle).

178. — *Bords du Var. (Aquarelle.)

179. — *Grande rue de Schaffouse.

LEBORGNE, *de Nantes.*

180. — Le siége du fort de Bellegarde (Pyrénées orientales), défendu en 1793 par les bataillons de Nantes, du Gers et de Champagne.

181. — Le bateau à vapeur la *Société Industrielle* sauvant du naufrage le navire l'*Indigence* et le remorquant au large. (Allégorie).

LEGENTILE (VICTOR), *rue de la Tour-d'Auvergne, 1, à Paris.*

182. — *Le petit cabaret breton. (Paysage.)

183. — *Les sabotiers bretons. (Paysage.)

LELOUP DE BEAULIEU, *à Nantes.*

184. — Effet de neige.

185. — Souvenir d'Italie.

Le Masle, *à Saint-Quentin.*

186. — Raphaël montrant au pape Jules II la statue de l'Apollon du Belvedère, trouvée en fouillant dans une vigne, près de Rome.

Le Prévost (Mme), *rue Cherche-Midi, 98, à Paris.*

187. — *Les regrets.

Le Roux (Charles), *à Nantes.*

188. — Souvenirs de Bretagne. (Paysage.)
189. — Etude.

Lessore (Emile), *boulevard Pigale, 8, à Paris.*

190. — *La Samaritaine.
191. — *Le comte Ugolin.

Loubon (Emile), *rue Chabrol, 14, à Paris.*

192. — *Le Gué.

193. — *Un poste aux Grives ou cabane de chasse.

MARAIS (M.ᵉˡˡᵉ SOPHIE), *à Angers.*

194. — *Costume du XVIII.ᵉ siècle.
195. — *Souvenirs de gloire.

MARQUET, *faubourg Poissonnière, 66, à Paris.*

196. — *Blanche de Castille.

MARTENS, *graveur.*

197. — *Panorama de Nantes, chez Forest.

MATOUT, *rue Dauphine, 49, à Paris.*

198. — *Braconniers dans la forêt de Fontainebleau.
199. — *Vue prise de la terrasse du bord de l'eau, aux Tuileries.

MENARD (AMÉDÉE), *sculpteur à Nantes.*

200. — Buste de M. Jégou, inspecteur de l'académie de Rennes, ancien professeur au collége de Nantes.

201. — *Groupe du condamné.
202. — Buste de M. De Lamoricière, colonel des Zouaves.
202 *bis*. — Buste de M. de S.ᵗ-Aignan.

MERSON (OLIVIER), *rue Notre-Dame, 20, à Nantes.*

203. — Portrait de M.ᵐᵉ O. G.
204. — *Idem* de M. E. Merson.
205. — *Idem* de l'auteur.

MICHELLERIE (DE LA), *à Nantes* (dessinateur), *rue Saint-André, 3.*

206. — *L'école des frères (dessin).
207. — Portrait de M. *** (*idem*).
208. — Tombeau de François II, duc de Bretagne (gravé par Normand).
209. — Porte d'une maison, rue de Jussieu, 16 (dessin).

MONTELLIER, *rue Lafayette, 4, à Paris.*

210. — *Ruines de l'abbaye de Long-Port, en Picardie.

Mozin, *rue Haute-Ville, à Paris.*

211. — *Pêche à la sole.

Nègre (alphonse), *rue de Chabrol, 14, à Paris.*

212. — *Hippolyte Clairon et son chien (tableau costume).

Noel (Jules), *à Nantes, rue Voltaire.*

213. — *Marine. Soleil couchant.
214. — *Marine. Effet du soir.
215. — *Marine. Clair de lune.
216. — *Cadre de dessins.

Ouvrié (Justin), *rue du Bouloy, 19, à Paris.*

217. — *Vue des clochers de Chartres.
218. — *Vue de la tour de la Faim ou d'Ugolin, à Pise (Italie).

Paillard (A), *rue le Perdit, à Rennes.*

219. — *Vue intérieure d'une ruine gothique, servant d'étable à une ferme.

220. — *Vue du château de Belle-Vue, près Rennes.

221. — *Intérieur d'un bourg, pendant une foire.

Pepin-Dufay, *à Nantes.*

222. — Portrait de l'auteur.

223. Tête de vieille.

Perrin, *rue des Minimes, à Compiègne, et rue de l'Arcade, 30, à Paris.*

224. — *Une clairière, dans la forêt de Compiègne.

225. — *Un cadre d'aquarelles. Vues de Nantes.

226. — *Intérieur.

Perrot, *rue Saint-Honoré, 348, à Paris.*

227. — *Entrée du port de Boulogne, jetée de l'Ouest.

228. — *Marine. Golfe de Naples.

Philippe (Z.), *à Nantes.*

229. — *Tableau de nature morte.

230. — Vue des forges de M. Babonneau.

PINART, *rue des Marais-Saint-Martin, 68, à Paris.*

231. — *Intérieur de chambre.

PONCEAU (PAUL), *à Angers.*

232. — *Vue prise à Saint-Florent.
233. — *Vue prise à Clisson.
234. — *Vue prise à Clisson.
235. — *Eglise de Marillais.
236. — *Chapelle de Béhuard.
237. — Portrait de M. B....., étudiant en médecine.
238. — Portrait.

POTEL, *rue du Chapeau-Rouge, à Nantes.*

239. — *Tête de Christ, d'après Sébastien del Piombo (Dessin à l'encre de Chine).
240. — *Tête de Christ, d'après. . . . . (dessin au crayon).

241. — *Marguerite de Foix, duchesse de Bretagne, d'après sa statue sur son tombeau, à Saint-Pierre de Nantes.

242. — *Composition.

RANG (Mme LOUISE), *à Paris.*

243. — *Une femme d'Alger à sa toilette.
244. — *Une femme de Constantine causant avec un Juif.

REMY, *rue Vieille-du-Temple, n.° 130, à Paris.*

245. — *Vue du moulin de Chévreuse, sur la rivière de Crise, près Soissons.

RICOIS, *quai Voltaire, n.° 3 bis, à Paris.*

246. — *Entrée de la Grande-Chartreuse (Isère). Effet du matin en été.

ROBERT-FLEURY, *rue du faubourg Montmartre, n.° 61, à Paris.*

247. — *Jésus-Christ et les petits enfants.

« Alors des femmes lui présentèrent leurs pe-

» tits enfants, afin qu'il les bénît ; mais les dis-
» ciples les repoussèrent : ce que voyant Jésus, il
» leur dit : laissez venir à moi ces petits enfants,
» car le royaume du Ciel est fait pour ceux qui
» leur ressemblent. »

ROBERT (GABRIEL), *à la manufacture royale de Sèvres.*

248. — *Tableau de nature morte.

ROCQUEMONT, *rue faubourg Poissonnière, n.° 101, à Paris.*

249. — *Radoubage au Hâvre.
250. — *Temps de grains. Côte de Normandie.

ROEHN père, *à Paris.*

251. — *Un marché, tableau de genre.

ROUSSEAU (P.-H.), *rue des Martyrs, n.° 52, à Paris.*

252. — *Vue prise en Normandie.
253. — *Jeune pâtre, jouant du haut-bois.

ROUSSIN (V.), *à Nantes.*

254. — Site des Pyrénées,

255. — Vue du village de Léhon, près Dinan (Bretagne).

256. — Souvenir des Pyrénées. Composition.

RUDDER (DE), *rue Vanneau, 31, à Paris.*

257. — *Les lansquenets.

Un soldat s'apercevant qu'il est dupé au jeu par ses adversaires, se jette sur l'un d'eux la dague à la main.

SAGET, *de Nantes*, sculpteur.

258. — *Statue de Saint-Sébastien, en plâtre.

SAINT-GERMAIN, *à Paris.*

259. — Jésus au milieu des docteurs (aquarelle) d'après Ribéra.

260. — Tête de femme (pastel).

SILVESTRE (M.lle), *rue Sainte-Marguerite, 33.*

261. — *Vue prise dans la Forêt de Compiègne.

262. — *Vue prise en Suisse.

263. — *Moulin à eau, près Montdidier.

264. — *Vue prise près Lagny (Seine-et-Marne).

Sotta (J.), *à Nantes, rue Basse-du-Château, n.º 11.*

265. — Portrait de Mme la vicomtesse de C.........

266. — Portrait de la mère de l'auteur.

267. — Portrait de M. J. G.

268. — Portrait de M. E. C.

269. — Portrait de M. D..., avocat.

270. — Portrait de M. De....

271. — Portrait de M. C.

Soulès (Eugène), *place Saint-Germain-l'Auxerrois, 20, à Paris.*

272. — *Vue prise à Beccarach sur le Rhin (aquarelle).

Storelli (F.), *rue Saint-Honoré, à Paris.*

273. — *Vue prise à Avignon.

TAGOT (M.lle), *à Nantes.*

274. — Portrait de M. Fouré, docteur-médecin.

275. — Portrait de M.me de la B.

276. — Portrait de M.me T.....

277. — *Un vieillard.

278. — *La petite ménagère.

TARDIEU (M.lle ADÈLE), *rue de l'Estrapade, 34, à Paris; et, chez M. Forest, à Nantes.*

279. — *Jeune fille, costume d'Alsacienne.

TESTÉ, *à Nantes.*

280. — *Scène d'intérieur.

281. — *La rentrée du cabaret.

282. — Portrait du père de l'auteur.

TRONVILLE, *rue de l'Arcade, 30, à Paris.*

283. — *La Détresse.

Des paysans bretons surpris à la tombée du jour par la marée montante, font des signaux pour appeler du secours.

284. — *Marée basse. (Côtes de Normandie.)

Un bateau pêcheur vient d'arriver. Des promeneurs marchandent le poisson qui vient d'être débarqué sur le sable.

TROYON, *rue du Nord, 11, à Paris.*

285. — *Vue prise aux environs de Vannes.

V..... (C), *à Nantes.*

286. — Vue prise sur les bords de la Loire.

VILAINE (*de Nantes*), *à Paris.*

287. — Portrait de M.....

VILLERET, *rue Saint-Louis, au Marais, à Paris.*

288. — *Vue d'un canal de Belgique.

289. — *Intérieur de l'église Notre-Dame-de-Lorette, à Paris.

ZIÉGLER, *à Paris.*

290. — Daniel dans la fosse aux lions.

WACHMUT, *rue des Beaux-Arts, 7, à Paris.*

291. — Un caravensérail sur la côte d'Afrique.

WATTIER (EMILE), *rue de Furstemberg, 8 bis, à Paris.*

292. — *Scène dans la campagne. (Genre de Wateau.)

SUPPLÉMENT.

BLONDEL, *à Nantes.*

293. — *Les petits ramoneurs.

DESCHAMPS, *à Nantes.*

294. — Vue des ruines de la chapelle du château de Beauvoir (Isère).

ECHAPPÉ, *peintre vitrier, place Saint-Léonard, à Nantes.*

295. — Saint-Nicolas (vitrail).
296. — Trois petits vitraux.

HAWKE, *à Angers.*

297. — 1 cadre de dessins (vues de Nantes).
298. — 1 *id.*   *id.*   *id.*
299. — 1 *id.*   *id.*   *id.*

R. P. (Mlle), *de Nantes, à Angers.*

300. — Nègre buvant.

301. — Femme égyptienne.

REYNARD (F.), *rue Sainte-Marguerite, à Paris.*

302. — Portrait de M. A. Fr.... (miniature).

Suc, *sculpteur à Nantes.*

303. — Buste de John-F.-W. Herschell.

304. — Buste du docteur Fouré.

305. — Buste de M. Billault, député.

306 — Buste de M. Hawke, graveur.

THIERRY, *peintre sur verre à Saint-Georges, près d'Angers.*

307. — *La Vierge et l'enfant Jésus, d'après Vandick (vitrail).

THUILLIER, *rue de Vaugirard, 22, à Paris.*

308. — *La croix de pierre (paysage).

NANTES, IMPRIMERIE DE CAMILLE MELLINET, 29,572

www.ingramcontent.com/pod-product-compliance
Lightning Source LLC
Chambersburg PA
CBHW071201240526
45470CB00017B/1221